Inhalt

Vorwort

Sie meinen, Sie haben schon alles gesehen und erlebt in Ihrer Freizeit? Von wegen! Es gibt noch viel zu entdecken: „Schüsselngebiete" in Frankreich, „Fischklingeteile" in Italien – oder wie wäre es mit „Wasser schneiden" in der Dominikanischen Republik? Falls Sie Urlaub in der Türkei machen möchten, Ihnen das Land aber zu weit weg, zu heiß oder zu teuer erscheint, können Sie es übrigens auch mit der „aufblasbaren Türkei" versuchen – das ist einfacher und garantiert umweltschonender als eine Pauschalreise. Vermutlich ist aber auch viel heiße Luft dabei.

Zum Glück helfen Prospekte und Schilder bei der Orientierung im unüberschaubaren Urlaubs-Universum. Wer in Ungarn kein Ungarisch, in Finnland kein Finnisch oder in Kroatien kein Kroatisch spricht, ist dankbar für sachdienliche Hinweise auf Deutsch oder Englisch. In Frankreich etwa ist es korrekt, vor der Abreise das Ferienhaus im

ÜBELSETZUNGEN

Sprachpannen aus aller Welt

Langenscheidt

München · Wien

Langenscheidt „Hier Bellen"
Übelsetzungen – Sprachpannen aus aller Welt
Mit Texten von Titus Arnu
Herausgegeben von Monika Schaffrath und der Langenscheidt-Redaktion

Idee und Konzeption: Langenscheidt-Redaktion
Projektleitung und Redaktion: Monika Schaffrath
Layout: Katharina Steinmetz
Cover: Arndt Knieper

Der Verlag hat sich bemüht, für alle abgedruckten Abbildungen die Rechte einzuholen. Wo dies nicht gelungen ist, bitten wir Rechteinhaber, mit dem Verlag Kontakt aufzunehmen.

© 2014 Langenscheidt GmbH & Co. KG
Satz: Annelie Gerken
Druck: C. H. Beck, Nördlingen
ISBN: 978-3-468-73889-0
www.langenscheidt.de

14010

Staat zu lassen, in Italien sollte man dem Eis unbedingt Aufmerksamkeit schenken – sonst folgt angeblich Furchtbares. Und auf Fuerteventura darf man Liegestühle nicht mit Handtüchern reservieren, und die „Lügestühle" schon gar nicht.

Es sind wieder Hunderte von lustigen Fundstücken aus Feriengebieten bei uns eingegangen. Ein dicker Hund zum Beispiel, dass ein Hotel seine Gäste an der Rezeption auffordert, ordentlich Laut zu geben: „Hier bellen!" Das lässt einen vor Freude laut aufjaulen und sagen: Vielen Dank, Sitz, Platz und aus. Und man möchte hinzufügen: Herzlich willkommen in der „Erleichterungszone". Vergnügliche Reise – und genießen Sie die „Springbrunnenzeit"!

Titus Arnu

Carolin Naundorf

Balatonmáriafürdö, Ungarn

TUBORG BEER

BEDIENUNG AN DER DECKE

KISZOLGÁLÁS A PULTNÁL

UDÍTŐT Coca-Cola

UDÍTŐT Coca-Cola

KOPFGEBURT: Als Wirt eines Touristenlokals muss man immer etwas Besonderes bieten, um aufzufallen. Dieses Restaurant in Ungarn verspricht seinen Gästen einen akrobatischen Service: „Bedienung an der Decke". Die Frage ist nur, wie das unter freiem Himmel auf der Terrasse funktionieren soll, ohne Decke? Schön auf dem Teppich bleiben! Bedienung gibt es nur an gedeckten Tischen, das ist alles.

All inclusive

Warum nicht mal Urlaub machen in einem ganz und gar wundersamen Wellnesshotel, wo „Pauerwellen", „Fleischduschen" und „Salzkammern" angeboten werden? Dort kann man sich auch das „Haar schninken" lassen. Oder soll es nach Teneriffa gehen, wo man auf den Spuren eines Animationsteams Spaß hat? Falls Sie sich nicht entscheiden können: Fahren Sie doch nach Slowenien, da werden Wünsche der Touristen auf zauberhafte Weise „erfühlt".

Toy shop
Guided tours for groups, special prices
Educational Service
Temporary exhibitions

Preise
Eintrittspreis 4,00 €
Studenten und Senioren 2,50 €
Kleiner als unnötige 10 Jahre

Angebote
Verkauf von Spielzeug und Andeben
Besucht für Gruppen mit Führer, spezial Preise
Besuche für schulklassen
Saisonbedingte Ausstellung

Tariffe
Prezzo d'entrata 4,00 €

1 *Playa de Aro*

2 *Teneriffa, Spanien*

Dientienscleistungen

Salzkammer	2
Ultraschall	2
Iontophorese therapie	2
Galvanbehandlung	2
Fleischdusche	1
Fleischdusche 25 Gelegenheit 30000,-Ft 10 Gelegenheit	2
Inhalator	2
Inhalator 5 Gelegenheit 8000,-Ft 10 Gelegenheit	6
Inhalator für Pensionär	1
Kurzwelle	2

3 *Budapest, Ungarn*

1 KLEINLICH: Playa de Aro an der Costa Brava ist als wildes Party-Reiseziel für Jugendliche bekannt, doch die Eintrittspreise für den Strand sind peinlich genau geregelt. Jugendliche, Senioren und Schulklassen zahlen weniger. Wer kleiner als unnötige 10 Jahre ist, hat dort anscheinend nichts verloren.

2 AUSGEFLIPPT: Tanzpartys auf Teneriffa funktionieren nach ziemlich abgedrehten Regeln. Wer Spaß beim rhythmischen Zappeln haben will, muss zunächst dem „Animationsteam auf der Spur" beitreten. Hört sich weitaus schwieriger an als Disco-Fox. Offenbar war der Übersetzer komplett neben der Spur: „Pista" hätte hier „Tanzfläche" bedeutet.

3 HEISSES PFLASTER: In Budapest sprudeln täglich 70 Millionen Liter siedend heißes Heilwasser aus 118 Thermalquellen. In den berühmt-berüchtigten Badetempeln werden äußerst dubiose Wellness-Behandlungen angeboten: „Kurzwelle", „Salzkammer" und „Fleischdusche". Man kann nur hoffen, dass der Aufenthalt in der Fleischdusche unblutig abläuft – und dass es keinen Zusammenhang mit dem berühmt-berüchtigten ungarischen Gulasch gibt.

HAIRDRESSER

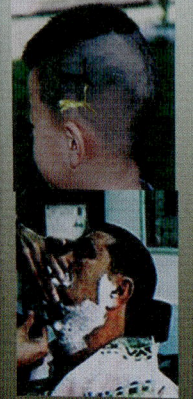

HAAR ABSCHNİTT..............17 €
FÖNEN...15 €
HAAR SCHNİNKEN............17 €
STRAHNCHEN..................ab 30 €
BALYAJ..............................ab 30 €
HAAR FARBEN..................ab 30 €
PAUERWELLE....................ab 30 €
EXTENSİON.......................ab 10 €
ZOOP................................ab 20 €
HAAR MASKE...........................5 €
HAAR PFLEGE.........................5 €
LEGEN..................................20 €
SPEZIAL MANNERRASUR.12 €

СТРИЖКА..............................17 €
СУШКА ФЕНОМ..................15 €
ЗАВИВКА..............................20 €
ТОНИРОВАНИЕ...............ot 30 €
ХИМИЯ...............................ot 30 €
МЕЛИРОВАНИЕ..............ot 30 €
ОКРАСКА ВОЛОС..........ot 30 €
ПОДПРАВКА БРОВЕЙ.........8 €
ОКРАСКА БРОВЕЙ.............10 €

Side, Türkei

SPITZEN-LEISTUNG: Man ahnt es nicht, aber türkische Friseure gehören zur Avantgarde der europäischen Haarkünstlerbranche. Eine Welle von Innovationen kommt aus einem unscheinbaren Salon in Side: die kraftvolle Pauerwelle, der freche Zoop und „Haar Schninken", eine Mischung aus Schminken und Frisieren.

Thalita Renkert

Salou, Spanien

HUNDE-HOTEL: Eine Herberge, die El Toro (der Stier) heißt und seine Gäste bittet, an der Rezeption zu bellen, ist wahrscheinlich nicht nur stierfreundlich, sondern insgesamt tierfreundlich. Und sie hat ein Herz für Holländer, denn auf Niederländisch heißt "bellen" wirklich "klingeln". Nur eine kleine Kritik: Die Klingel ist für kleine Hunde wie Dackel oder Chihuahuas schlecht zu erreichen.

ANGELAS SCHNITTE
AUS WEISSER SCHOKOLADE MIT PREISELBEEREN   3,00

PFANNKUCHEN MIT

MARMELADE   2,0

WALNÜSSEN   3,5

SCHOKOLADE   2,5

PFANNKUCHEN ŠARIKA   2,5

(MIT FRISCHGEPRESTEM LIMONENSAFT UND BRAUNEM ZUCKER)

ŠARIKAS LIEBE   2,

(VANILLEEISS MIT WARMEN HIMBEEREN)

WENN ES IHNEN NICT SCHWERFELT
EIN WENIG ZU WARTEN...

MEDAILLON

- KÄLBERN

- RINDER   10

STEAKS   1

- BEEFSTEAKS ODER

- RUMPSTEAKS   1
   1

*WERGESSEN SIE NICHT ZU SAGEN, WIE SIE IHR FLEISCH GEBRATEN HAE
MÖCHTEN UND NATÜRLICH WÄHLEN SIE EINE BEILAGE, Z. B:*

MIT GORGONZOLA

MIT PFEFFER

1 *Maribor, Slowenien*

MIT PILZEN

---

*SAGEN SIE NUR, WENN SIE NOCH ANDERE WÜNSCHE HABEN –
WENN MÖGLICH, WERDEN WIR SIE ERFÜHLEN!*

2 *Gran Canaria, Spanien*

1 EMOTIONALE GASTFREUNDSCHAFT: In diesem Restaurant in Slowenien bringen die Wirtsleute extrem viel Geduld und Gefühle für ausländische Besucher auf. Man kann zwar auf die liebevoll formulierte Speisekarte zurückgreifen, um zum Beispiel „Angelas Schnitte" zu bestellen, aber das ist eigentlich nicht nötig. Denn Wünsche werden erfüllt. Ein Wirt mit Einfühlungsvermögen! Was will man mehr?

2 BEUGE-HAFT: Das Konjugieren deutscher Verben ist für Ausländer gar nicht so einfach. Grammatikalisch stimmt die Übersetzung vom Englischen ins Deutsche. Aber im Grunde muss niemand aufgefordert werden, die Tür am 24. und 31. Dezember selbst zu öffnen – es ist nämlich sowieso geöffnet.

Gran Canaria, Spanien

SALE OF HOUSES
2 AND 3 BEDROOMS
WITH TERRACES, SQUARES OF GARAGE

v.construplan.es

FUEGO

BAU-BOOM: Wegen der Wirtschaftskrise in Spanien haben sich die Makler etwas umorientiert. Statt Traumvillen, Ferienhäusern und Luxusappartements verkaufen sie lieber nur noch „Gehäuse". Das hört sich zwar nicht so schick an, klingt aber immer noch besser als „Bauruine".

Wolfgang Weitlaner

Chang-dian Jahrmarkt
—— Sport Jahrmarkt

Chang-dian Jahrmakt ist eine von die altest und Kunstisch in Beijing. Am erst von Frühlingfest. Nur wegen der Kunstisch, niemannd wird die über. Anbrüllung, Anprreisung, Ovation alles lassen Sie irgendwo bleiben wollen.

Lokale Bedingungen, als Festreise

Beijing so wie eine kunstlich alter Stadt ist sehr bekannt in die Welt, Durch tausend Jahren habe Beijing selbst Brauchtum und die typische "Beijing Kultur" werden.
"Beijing Kultur" ist ins ganz Jahr und auf dem jade Straße, Fest- und Feierntag, Freude und Verwandte besuchen, Hochzeit und Trauer, alles kann man die alter und blühend Brauchtum gewissen. Durch diese alter Brauchtum, Moralauffassung und Religion von Beijing können Sie eine neues fühlung haben es ist eine Traum über neue Leben, es ist neuer Hauch über "Humanistisch Olypiade".

Peking, China

VERWIRRENDE VIELFALT: Beijing ist eine riesige Stadt mit unüberschaubarem Angebot, und wenn man weiß, wo es lang geht, kann man eine „neue Fühlung haben" und „eine Traum über neue Leben". Zum Glück gibt es Broschüren auf Deutsch, die einen zum Beispiel zum „Sport-Jahrmarkt" führen. Warum gerade zu dem? „Alles lassen Sie irgendwo bleiben wollen."

BOULODROME

RESERVE AUX ADULTES ET
AUX ENFANTS SOUS LA SURVEILLANCE DES
PARENTS OU D'UN ADULTE RESPONSABLE

BOWLS AREA FOR ADULTS AND FOR CHILDREN
UNDER THE SUPERVISION OF THEIR PARENTS
OR A RESPONSIBLE ADULT

SCHÜSSELN-GEBIET FÜR ERWACHSENE UND KINDER
UNTER DER AUFSICHT IHRER ELTERN
OR EIN VERANTWORTLICHER ERWACHSENER

Cavalaire-sur-Mer, Frankreich

RUNDE SACHE: Franzosen lieben es bekanntlich, mit Schüsseln um sich zu werfen. Zur Ausübung des Nationalsports, dem Schüsseln, gibt es überall im Land gut eingezäunte Schüsseln-Gebiete. Pardon, das stimmt gar nicht – ein Boulodrome ist laut Wörterbuch ein Platz zum Boule-Spielen. Zum Kugeln ist allerdings die Übersetzung. Sie hat einen Schalen-Beigeschmack.

RESORTS

Nuestro Hotel es 100%
libre de humo.
This is a 100%
smoking free property.
Notre hôtel est à 100% sans tabac.
Unser Hotel ist 100%
kostenlos Rauchen

Agradeceremos apagar su cigarrillo
Please extinguish your cigarette
here.
Eteindre votre cigarette ici
s'il vous plaît
Löschen Sie Ihre Zigarette
bitte hier

Uxmal, Mexico

RAUCHER-REFUGIUM: Während sich Nikotinsüchtige in den meisten Ländern wie Schwerverbrecher fühlen, werden sie in diesem Hotel herzlich willkommen geheißen. Nicht mal eine Luftverschmutzungs-Gebühr muss man als Raucher dort bezahlen. 100 Prozent kostenlos Rauchen! Ein Traum in Grau.

Theo W. Fröhlich

COMUNE DI GERMIGNAGA
PROVINCIA DI VARESE

A V V I S O

A PARTIRE DAL 05/10/2009 SINO AL 01/03/2010

E' SOSPESO L'OBBLIGO DI PAGAMENTO PER LA SOSTA DEI VEICOLI

IL SINDACO
Prato rag. Enrico

DIE ZAHLUNG VON PARKEN IST ZEITWEISE VERBOTEN

1 *Germignaga, Italien*

Laura Vicente Antunes

Vila Real de Santo António

Obrigado pela sua visita
Thank for your visit
Gracias por su visita
Danken Sie für Ihren Besuch
Merci pour votre visite

2 *Vila Real de Santo António, Portugal*

1 NETTE PARKREGELN: Während es andernorts verboten ist, ohne zu zahlen zu parken, ist es hier verboten, für das Parken zu zahlen. Wenigstens eine Zeitlang. Im Winter darf man entlang dieser Straße am Ostufer des Lago Maggiore tatsächlich gratis parken.

2 DANK IT YOURSELF: Während Portugiesen, Spanier, Franzosen und Briten mit einem ordentlichen Dankeschön aus dem portugiesischen Grenzort Vila Real de Santo António verabschiedet werden, müssen deutsche Touristen Dankbarkeit zeigen, dass sie diese Stadt besuchen durften. Na herzlichen Dank auch!

Schiffen Sie mit uns und genießen das Kulturerbgut, die Bauweise und die wunderschöne Panoramen des Budapests ab der Donau! Die Fahrt kann bei jeder Befestigung unterbrochen werden, aber der Einreiseschein in jedem Hafen nur für einen Einstieg an dem Fahrtstag gültig ist.

 Садитесь на наш корабль и наслаждайтесь культурным наследством, архитектурой и чудесными видами Будапешта с Дуная! Вы можете прекратить экскурсию в любое время и в любом порту, но каждый билет действителен только на одну посадку в каждом порту на день экскурсии.

 Embarquez avec nous sur un bateau pour vous laisser séduire par le patrimoine culturel de Budapest, par son architecture et par ses merveilleuses vues panoramiques à partir du Danube ! Vous êtes libre à débarquer dans chacun des ports d'escale, mais chaque billet de croisière n'est valable que pour un seul embarquement par port et uniquement le jour du circuit.

 Navigate con noi e godete il patrimonio culturale, l'architettura e i panorami meravigliosi di Budapest visti dal Danubio! Potete interrompere il viaggio a qualunque punto di ormeggio intermedio, ma con un biglietto di viaggio rotondo potete salire a bordo solo una volta in ogni porto, il giorno del viaggio.

 Navegue con nosotros y disfrute del patrimonio cultural, la arquitectura y el panorama maravilloso de Budapest desde el Danubio. El viaje puede interrumpirse en cualquier puerto intermedio pero un pasaje válido para un itinerario solamente le permitirá un embarque en cada puerto el día del viaje.

Budapest, Ungarn

Maureen Wolf

FEUCHTFRÖHLICHER AUSFLUG: Während manche Leute umständlich um Körperausscheidungen herumreden, ist man in Ungarn sehr direkt. Mit der Aufforderung „Schiffen Sie mit uns" lädt die Reederei zur Donaukreuzfahrt ein. Nirgends kann man so schön Wasserlassen wie auf dem Wasser.

Highland Council Harbours

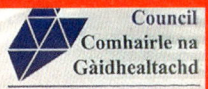

Council
Comhairle na
Gàidhealtachd

**Please remain behind the gate
whilst coaches are reversing**

**Bleiben Sie bitte hinter dem Gatter,
während Trainer aufheben**

**Demeurez derriere les portes
lorsque bus font marche ariere**

Portree, Schottland

BIZARRE TRAININGSMETHODEN: In Schottland müssen Zuschauer hinter dem Gatter bleiben, während Trainer „aufheben". Da stellen sich viele Fragen: Was oder wen heben die Trainer auf? Für welche Sportart wird überhaupt trainiert? Ganz sicher ist nur: Da braucht jemand ganz dringend einen Deutsch-Coach. Denn gemeint sind zurücksetzende Busse.

Atención:

Esta ud. En una zona de descanso
Sie sind eine erleichterungszone
You are in   rest zone

Pronibido   arse
Baden verboten
No bathe

ER PARK IS NOT RESPONSIBLE FOR LOST
EN ITEMS.

HAVE A SPLASHING TIME!!!

IHRE SCHRIFTLICHE ZUSTIMMUNG VON VOR-
MUND.

**HABEN SIE EINE
SPRINGBRUNNEN ZEIT!!!**

2 Kos, Griechenland

1 IRRSINNIGE ERMAHNUNG: An diesem Pool auf Lanzarote lernt der Urlauber eine seltsame Lektion. Die Erleichterungszone, also das Urlaubsgebiet, ist man selbst? Leicht ist das nicht zu verstehen. Baden ist dort auch verboten. Warum dann überhaupt auf die Kanaren reisen?

2 FÜNFTE JAHRESZEIT: Auf Kos ist immer was los, egal zu welcher Zeit. Um die Saison zu verlängern, haben die kreativen Inselbewohner zusätzlich zu Frühlingszeit, Sommerzeit, Herbstzeit und Winterzeit die Springbrunnenzeit erfunden. Das Tolle daran ist: Man kann die Zeit am Wasserhahn an- und abdrehen. Weniger witzig: Man braucht dafür eine schriftliche Zustimmung vom Vormund. Ist das etwa springbrunnenzeitgemäß?

PROHIBIDO CIRCULAR PROHIBIDO APARCAR PROHIBIDO ACAMPAR

NO CIRCULATION NO PARKING CAMPING FORBIDDEN

BEWEGUNG VERBOTEN PARK VERBOTEN CAMPING VERBOTEN

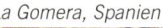

La Gomera, Spanien

BEWEGENDER MOMENT: Dieser leere Strand lädt eigentlich dazu ein, Sport zu treiben. Rennen! Springen! Schwimmen! Ball spielen! Schade, dass Bewegung dort absolut verboten ist. Den ganzen Tag unbewegt in der Sonne liegen? Ist auch keine Lösung. Also besser zum Buchladen joggen, Spanisch-Wörterbuch kaufen und nachschauen, was „circular" heißt.

Total verboten

Freizeit, Freiheit! Urlaub bedeutet: unbegrenzte Möglich-keiten. So stellen sich das die meisten Erholungssuchen-den jedenfalls vor. Dann merken sie aber vor Ort, dass am Strand alles verboten ist. In einem türkischen Touristenort ist das Ziehen von Katzen untersagt. Was allerdings auch verboten werden sollte: das unbefugte Formulieren von Verboten, deren Sinn absolut schleierhaft bleibt.

FIESTA

CLUB PALM BEACH

• • •

ESTA PROHIBIDO
BAÑARSE SIN PAÑAL
EN LA PISCINA

IT'S NOT ALLOWED TO BATH
WITHOUT DIAPER IN THE
SWIMMING POOL

VERBOTEN OHNE
WINDEL SCHWIMMEN

INTERDIT DE SE
SE BAIGNER SANS
DE COUCHE

Ibiza, Spanien

BESCHISSENE BADEREGELN: Dass man nicht vom Rand springen darf, ist ja noch einzusehen. Aber dass manche Hotelbesitzer ihre
bizarren Fantasien an Touristen ausleben, geht wirklich zu weit. Es ist
verboten, ohne Windel zu schwimmen? Hoffentlich gilt das nur für Babys.

HOTEL FELICE

- After hours 23 it is prayed to make hush in the hotel's room, in order to respect the other guests.

- Nicht schleuderm die ture.

 Nicht aufhangen handtuch auf zelt

 Nicht beflecken decke von bett

 Der terrasse ist offen bis uhr 23

 Zahlen schade!

Thanks, best regards Roberto Ciaffarini

HOTEL FELICE
Via Hotel Felice ROMA
Cod. Fisc. CFF F.R. 12 A50TJ
Partita IVA 01830140588

Rom, Italien

HUSCH-HUSCH: Nach 23 Uhr geht im Hotel Felice gar nichts mehr. Türenschleudern? Vergiss es. Auf die Terrasse gehen? Abgesperrt. Na gut, dann ganz leise kuscheln? Vorsicht: „Beflecken Decke von Bett" ist auch verboten. Okay, zahlen bitte! Geht auch nicht. Schade.

Prohibida la entrada a toda persona ajena a este establecimiento

Verbot den Eingang aller zur Person anderen Leute zu dieser Einrichtung

Prohibited the entrance to all person other people's to this establishment

A interdit l'entrée toutes les à la personne autres personnes à

Mallorca, Spanien

IDENTITÄTS-IRRSINN: Multiple Persönlichkeiten und Doppelrollen scheinen im Trend zu sein. Jeder fragt sich: Wer bin ich, und wenn ja, wie viele? Es wurde Zeit, dass dieser verwirrenden Vielfalt ein Riegel vorgeschoben wird. Der „Eingang zu Person anderen Leute" ist ab jetzt verboten.

LÜGESTÜHLE

Es ist nicht erlaubt mit Badetüchern oder anderen Objekten die Lügestühle zu reservieren. Die Hoteldirektion übernimmt keine Verantwortung bei Inzidenzen.

FÜR JELICHE KONSULTATION

Fuerteventura, Spanien

NERVIGER STUHL-GANG: Deutsche Touristen markieren im Urlaub zwanghaft ihr Revier. Schon früh morgens reservieren sie Liegen am Strand, indem sie Handtücher darauf platzieren. Es ist ein regelrechter Kleinkrieg. Ein Hotelbesitzer hat auf Fuerteventura nun zu drastischen Gegenmaßnahmen gegriffen. Die speziellen Lügestühle lassen keine Reservierungen zu. Echt wahr!

Hamburg, Deutschland

ANGO

90 CENT

2,50 €

TOURETTE-SYMPTOM: Die Fluch-Mangos an diesem Marktstand sollten dem Kunden, verflixt nochmal, eigentlich keine Schimpfwörter entlocken. Denn das Obst ist – zum Teufel! – wirklich verdammt frisch. Schließlich kommt es per Fluchzeug zu den Kunden.

beverages purchased onshore,
in the public areas of the vessel.

Marianne Neubert

Gesetzlich ist es **verboten Alkoholische**
Getränke von **Außen gebracht,** in die
Publikumsgebiete des Schiffes zu trinken.

Selon la legislation norvégienne,
il est interdit de consommer des
boissons alcolisées, achetées hors du
bateau, dans les zones publiques du
navire.

Ålesund – Molde, Norwegen

GROSSES KINO: Wer mit einem Kreuzfahrtschiff unterwegs ist, kann
bei einem Glas Wein auf Deck sitzen und die Landschaft wie einen Film
an sich vorbei ziehen lassen. Kenner bringen den eigenen, billigeren Wein
mit und zahlen dann „Korkgeld". Im Publikumsgebiet, also im öffentlichen Bereich des Schiffes, ist das allerdings tabu.

Thomas Graf

Mallorca, Spanien

HARTE REGELN: Eine Marktlücke hat der Betreiber des weltweit ersten Nichtnichtraucherhotels aufgestellt. In seinem Haus ist es nicht nur erlaubt zu rauchen, nein, es ist auch verboten, nicht zu rauchen. Offenbar handelt es sich um ein Ketten-Hotel nur für Kettenraucher.

ATTENTION

PLEASE DO NOT FEED THE CATS

GELIEVE TE VOEDEN NIET DE KATTEN

BITTE ZIEHEN SIE NICHT DIE KATZEN EIN

VEUILLEZ NE PAS ALIMENTER LES CHATS

ИОЖАЛУЙСТА НЕ ПОДАЙТЕ КОТЫ

Mareike Hülsbusch

1 *Kusadasi, Türkei*

Armin und Caroline Rom

GRANITE · SPREMUTE
FRULLATI · FRAPPE'

ICES·JUICES
MILK SHAKES

NEIGE FONDANTE
JUS · FRAPPE'

GRANIZADOS · ZUMOS
BATIDOS

SHNEEMATSCH · SÄFTE
MIXGETRÄNKE

2 Sizilien, Italien

1 EINZUGS-ERMÄCHTIGUNG: Mit Katzen ist es wie mit Teebeuteln - man muss sie ziehen lassen. Die Tiere lassen sich nicht wie Hunde dressieren. Wenn sie gehen wollen, gehen sie eben. Wer trotzdem versucht, Katzen gewaltsam zu erziehen oder gar einzuziehen, ist ein Tierquäler. Oder er kann nicht richtig Englisch: „Feed" heißt hier füttern und nicht „Einzug".

2 WILLKOMMENE ABKÜHLUNG: In Italien werden immer wieder coole Sommerdrinks erfunden, der Sprizz etwa oder der Hugo. Auf die Idee, einfach Schneematsch abzufüllen und den Touristen als Getränk anzudrehen, muss man aber erst mal kommen. Und wo nehmen die bloß den Schnee her im Hochsommer?

Stefan Schilling

Pula, Kroatien

ARENA
TURIST

"Punta Verudela Resor

PULA

KAVA
CAFFE NERO
BLACK COFFEE
SCHWACHER KAFFEE

STARKES STÜCK: Dieses Hotel tut etwas gegen die schreckliche Mode, Kaffeespezialitäten immer komplizierter zu gestalten. Wer heutzutage einen einfachen Kaffee will, hat kaum eine Chance, es gibt nur noch „Tall Latte Macchiato double shot to go", laktosefreien Frappuccino mit Extraschaum und ähnlich albernes Zeug. Hier gibt es nur schwarzen Kaffee für Italiener und Engländer – und schwachen Kaffee für Deutsche.

Irre lecker

Ambitionierte Touristenlokale müssen jede Saison etwas Neues präsentieren, um potenzielle Gäste auf sich aufmerksam zu machen. Die Experimente der Chefköche bringen immer wieder irre kreative Gerichte auf die Speisekarte: „Lampe auf Spucke", „Gebrochene Eier" und „Hühnchentränen". Na dann Mahlzeit! Hoffentlich bleibt einem da die „Ganzhalsnudel" nicht im Hals stecken.

Sono tutte pizze classiche
All are classic pizzas but
Alle Pizzen sind klassisch,

ma in formato baby.
in baby form.
aber in Baby-Gestalt.

GESCHMACKLOSER GAG: Eine Pizzeria am Gardasee serviert Pizzen, die aussehen wie Babys. Wer möchte denn bitte einen im Holzofen gebackenen Säugling verspeisen? So etwas könnte schwer fallen, selbst wenn das Baby appetitlich mit Schinken, Käse, Tomaten und Oliven belegt ist. Zum Glück handelt es sich aber nur um normale Pizzen im Babyformat.

Epicerie . Grocer's . Lebensmittel .

Boissons fraiches . Iced drinks . Kalte Getränke

Bouteilles de gaz . Gas . Gas flasche

Pain de glace & glaçons . Ice cube & ice . Eisblock & Eiswürfeln

Produits frais . Fresh products . Frische Produkten

Produits surgelés . Iced products . Gefrorenen Produkten

- Fruits & légumes . Fruit & vegetables . OBST & gerübe

- Pain & viennoiseries . Bread & croissants... Brot & gebäch

- Articles de plage . Beach articles . Strand artiklen

1 *Hourtin Plage, Frankreich*

Journaux . Newspapers . Zeitung

- Matériel de camping . Camping equipment

2 *Kos, Griechenland*

1 SURREALER SERVICE: Ein Laden an der französischen Atlantikküste bietet alles Mögliche an, was man am Strand nicht braucht – von Eisblöcken über Gasflaschen bis zu „Gerübe". Unter diesen schönen Begriff fällt alles, was Hasen auch essen würden – Karotten, Salat, Kohlrabi. Kann man sich einen Strandurlaub ohne Gasflasche, Eisblock und Gerübe überhaupt vorstellen? Ähm, ja, eigentlich schon.

2 PIKANTE DELIKATESSE: Die Griechen verstehen es, aus einfachsten Zutaten schmackhafte Speisen zuzubereiten. Tomaten, Öl und Zwiebeln werden einfach in ein Tintenfass gelegt und scharf gewürzt – fertig. Das Praktische an dem Büchsengericht: Man kann beim Essen gleichzeitig etwas mit Tintenfeder schreiben. Zum Beispiel ein neues Etikett, auf dem „Tintenfisch" steht statt „Tintenfass".

Vitel tuna with potatoes
Vitel Tonne mit Kartoffeln 8,00 €
Baccalà alla messinese *
Salt cod Messina
Stockfisch Messina (porzione) 12,00 €
Fiorentina tagliata con patate (Portion)
Fiorentina cut potatoes
Fiorentina geschnittene Kartoffeln (1 etto) 3,00 €
Fiorentina intera con patate (1 hectogram)
Fiorentina whole potatoes (1 Hektogramm)
Fiorentina ganze Kartoffeln 10,00 €
Misto di secondi
Joint second course
Gemeinsame zweiten Kurs

* Questi piatti sono presenti solo in alcuni periodi dell'anno a nostra discrezione.
These plates are present only at certain times of the year at our discretion.
Diese Platten sind derzeit nur zu bestimmten Zeiten des Jahres in unserem E messen.

1,00

Manerba del Garda, Italien

VERFEHLTER KURS: Nicht nur die Mengenangaben sind ziemlich schräg in diesem Lokal am Gardasee. Wer soll bitte eine „Vitel Tonne mit Kartoffeln" schaffen? Das Hektogramm ganze Kartoffeln wirkt dagegen recht überteuert. Vielleicht sollte man sich gemeinsam mit dem Personal für den zweiten Kurs anmelden, ordentlich Deutsch und Italienisch lernen – und dann von vorne anfangen.

PIATTI FREDDI - COLD DIS

Carpaccio di carne con rucola e scaglie di Grana Padano
Beef Carpaccio mit Rakete und das Ausmaß von Grana Pad
Beef carpaccio with rocket and of Grana Padano flakes

Pera con rucola e scaglie di Grana Padano
Birne mit Rakete und das Ausmaß von Grana Padano Käse
Pear with rocket and of Grana Padano flakes

Prosciutto crudo di Parma
Parma Schinken

Gardasee, Italien

NEUER SCHUB Der guten alten Birne wurde in diesem Lokal am Gardasee ein Raketenantrieb verpasst. Kommt nach der Molekularküche die Astronautikküche? Nicht von dieser Welt ist lediglich die Übersetzung: Rucola heißt auf Englisch „rocket".

Wienerschnitzel............................... 10.00€
...............Lendenfilet............................ 13.00€
...............Filet.................................... 16.00€
...............Steak................................... 18.00€

AUF BESTELLUNG

rsons)................Paella (ab 2 Personen)............ 24.00€
erson)................Fisch-Bouillon (pro Person)..... 18.00€

nemade................Doña Laura nach Hause.......... 3.50 €
e Pudding.............Hausgemachte Milchreis......... 3.50€
nade....................Hausgemachter Pudding........ 3.50€
melon...................Melone oder Wassermelone... 3.50€
.....Check menu....Eis.............................Sie im Menü

ON FISH SEASON   ALL ON FISH SAISON ABHÄNGIG
ICLUDED IN THE PRICE   5% STEUER IST NICHT IM PREIS INBEGRIFFEN

Fuerteventura, Spanien

SÜSSE VERSUCHUNG: Wiener Schnitzel, Steak und Lendenfilet zu fairen Preisen – was will der deutsche Urlauber mehr im Strandlokal? Vielleicht ein ganz spezielles Dessert. Für nur 3,50 Euro geht Doña Laura mit nach Hause.

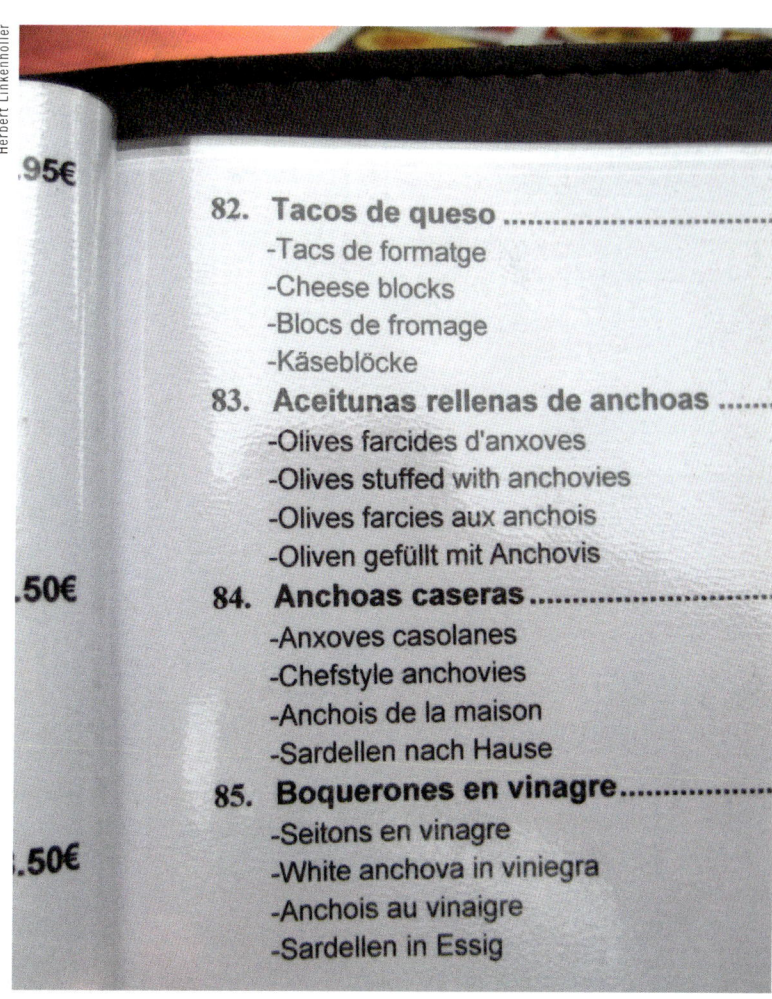

.95€

82. **Tacos de queso** ....
-Tacs de formatge
-Cheese blocks
-Blocs de fromage
-Käseblöcke

83. **Aceitunas rellenas de anchoas** ....
-Olives farcides d'anxoves
-Olives stuffed with anchovies
-Olives farcies aux anchois
-Oliven gefüllt mit Anchovis

.50€

84. **Anchoas caseras** ....
-Anxoves casolanes
-Chefstyle anchovies
-Anchois de la maison
-Sardellen nach Hause

85. **Boquerones en vinagre** ....
-Seitons en vinagre
-White anchova in viniegra
-Anchois au vinaigre
-Sardellen in Essig

.50€

Barcelona, Spanien

HAUS-HAPPEN: Tapas werden normalerweise mit den Fingern gegessen, und normalerweise bestellt man die Leckereien tellerweise nach, wenn die Portion alle ist. Dieses fortschrittliche Tapas-Restaurant in Barcelona fährt zweigleisig: Schwere Happen wie Käseblöcke gibt es vor Ort, leichte Häppchen wie Sardellen werden nach Hause geliefert.

Budapest, Ungarn

RAKOTT KELKÁPOS

GEFALTEN GÄRTNERKOHL

LAYERED SAVOY CABBAGE

SORGFÄLTIG VERKOHLT: In Budapest wird Kohl nicht einfach gekocht, sondern akkurat gefaltet und übereinander geschichtet, bis das Gericht „gefalteter Gärtnerkohl" fertig ist. Hätte man zusätzlich noch ein paar Sprachfalten geplättet, könnte man auch glatt sagen: Es handelt sich um einen Wirsing-Auflauf.

MATRA BORZ
TEJFÖLLEL, RESZ

FRIED MEAT GA
GRATED Ch

ZTA

11

naize meal..........Maismehl mit Bruene.............. 3.50€
.....................Ziegenkaese.......................... 6.00€
.........................Lapasmuscheln...................... 9.50€

AFOOD   SEAFOOD

....................Fritierter morrofish...................	12.00€
......................Tintenfisch von Grill...............	12.00€
.....................Gebraten Tintenfisch..............	12.00€
..................Cabrillas Fisch.....................	15.00€
.... Schmollmund....................	15.00€
................Zurück zur Sama...................	13.00€
..............Zurück zur Fula...............	13.00€
..............Fisch zurück.................	13.00€
............Hahnfischfilet.......................	13.00€
et............Filet vom Medregal.................	13.00€
.............Filet vom Peto.................	13.00€
...........Filet vom Tunfisch.................	13.00€
acuda..................Barracuda Zurück...................	13.00€
boiled............Papageienfisch Zurück oder gekocht	13.00€

ES   FLEISCHGERICHTE

.........................Wienerschnitzel.......... 10.00€

Fuerteventura, Spanien

FISCH-RÜCKGABE: Dieses Restaurant bietet Bumerang-Gerichte an. Wer Barracuda bestellt, bekommt Barracuda zurück, wer Papageienfisch will, bekommt Papageienfisch zurück. Wenn einem etwas gar nicht passt, kann man es „zurück zur Sama" oder „zurück zur Fula" schicken, wer auch immer das ist. Falls alles schief geht: „Schmollmund" bestellen oder Geld zurück.

TACOS MORUNOS A LA PLANCHA

СВИНИНА ЖАРЕНАЯ

GRILLED MARINATED PORK LOIN IN DICE SHAPE

DÉS DE PORC MARINÉ AU PAPRIKKA FRILLÉ

MARINIERTE WÜRFELSCHWEINE VOM GRILL

"TACOS MORUNOS" A LA PLANXA

La Pineda, Spanien

QUADRATISCH, PRAKTISCH, GUT: In Spanien ist es gelungen, würfelförmige Mini-Schweine für die Gastronomie zu züchten. Die Tiere lassen sich viel besser in Ställe sperren als rundliche Schweine, für den Transport kann man sie stapeln, und am Buffet nehmen die Würfelschweine extrem wenig Platz weg. Da ist den Spaniern ein ganz großer Würfel gelungen.

DER PERLE VON DER PACIFICC

Sie BEDECKEN

	1 PERS
DECKEN AUSWAHL VERÄNDERUNG LEUTE" 4"	
AL GESCHMACK	7,95
CROQUETTES	4. 95 €
SARDELLEN NATÜRLICHER ESSIG	4. 95 €
PFEFFER REGISTRIEREN	4. 95 €
KARTOFFELN MIT KNOBLAUCH SOSSE	3. 95 €
KRAKE ZUM SPANIER	8. 95 €
PFEFFER DES BIERRO HABEN GEBRATEN	4. 95 €
ATUN ENCEBOLLADO FRISCH	6. 95 €
Sie HABEN SICH MIT GARNELEN ODER JAMON GEDREHT	7. 95 €
GARNELEN AL KNOBLAUCH	7. 95 €
MUSHROOMS WITH SHRIMPS	7. 95 €
GEBRATENE TINTENFISCHE	7. 95 €
GEBRATENEN FISCH	7. 95 €
RÜCKKEHREN DES FISCHES	7. 95 €
BROT MIT TOMATE	1.50 €
HUHN BRUST MIT GEBRATENEN DEN TÜRKEI	5. 95 €
HUHN AL KNOBLAUCH	5. 95 €
RÜCKKEHREN VON SIRLOIN ZUR HAUSHÄLTERIN	7. 95 €
SIRLOIN " AL GESCHMACK"	8. 95 €
HASE IN SOSSE	7. 45 €
WURST AL IST ROT GEKOMMEN	4. 95€
DER STERN VOM HAUS HAT EIER MIT JAMON ODER SPECK ODER WURST ODER LACHS GEBROCHEN	6. 95€
TOTAS MIT EI, SPECK UND HAT KARTOFFELN GEBRATEN	4. 95 €
Zwiebel-Paprika-Tomaten-Omelette " KARTOFFELN"	4. 95 €
OMELETTE VON JAMON UND KÄSE	4. 95 €
OMELETTE DER GARNELEN	7. 95 €
OMELETTEs VON BESONDER" FRÜCHTE VON DER SEE"	7. 95 €
BESTEIGEN Sie IBERICOS MIT KÄSE	7. 95 €
JAMON BERG	7. 95 €
KÄSE La Mancha	6. 95 €
KÄSE CANARIO	6. 95 €
RUCKARTIG VON LEON	6. 95 €
OLIVEN GEBRATENE KARTOFFELN, MANISES DNÜSSE	1.00 €
VERSCHIEDENE SANDWICHES UND SANDWICHES	3. 95 €
VIELFALT VON 4 UND. VON DORNEN	5. 95 €
GERICHT VOM, das ich GEGEBEN HABE	7. 95 €
PINCHO DE TORTILLA O ÄHNLICH	1. 95 €
BROT	0. 60 €
BROT TOM...	

1 Gran Canaria, Spanien

Thomas Walter

2 *Korfu, Griechenland*

1 EVENT-GASTRONOMIE: Wer in diesem Restaurant etwas bestellt, muss mit „Veränderung Leute" rechnen. Viele Gerichte gehen mit einem Rollenspiel einher: „Sie haben sich mit Garnelen gedreht", „Rückkehren von Sirloin zur Haushälterin", „Besteigen Sie Ibericos mit Käse". Langweilig wird es dabei wohl kaum.

2 GRIECHISCHES DRAMA: Auf Korfu scheint die Wirtschaftskrise die Menschen zu Verzweiflungstaten zu zwingen. Ist der Hunger schon so groß, dass Lampe auf Spucke als Spezialität herhalten muss? Der stylische Pfeil auf dem Schild könnte ein Hinweis darauf sein, dass es sich um Lamm am Spieß handelt.

Thomas Jahn

Köln, Deutschland

UNKONTROLLIERBARES GEMÜSE: Die weißen Zuckini liegen vermeintlich reglos am Marktstand, aber die Ruhe täuscht. Ab und zu bekommt das Grünzeug Zuckungen. Vielleicht sollten Gen-Experimente mit Lebensmitteln doch verboten werden.

MOUSAKA PASTICCIO DI
PATATE,MELANZANE E CARNE
MACINATA
GROUND MEAT WITH TOMATO,POTATO
AND BECHAMEL
LAUFEN SIE AUF GRUND FLEISCH MIT
TOMATO,POTATO UND BECHAMEL
LA CARNE MOLIDA CON
TOMATO,POTATO Y BECHAMEL
VIANDE MOULUE AVEC TOMATO,POTATO
ET BECHAMEL

Apulien, Italien

GRUNDLOSE AUFREGUNG: Wer die Mousaka am Büffet wählt, erleidet nicht unbedingt kulinarischen Schiffbruch. Die korrekte Übersetzung von „ground meat" (Hackfleisch) ist bloß in der Bechamelsoße untergegangen.

2° plato

1- Tintenfischringe

2- Verschiedene fische

3- Iberisches kotlet

s y huevo

4- Hamburguer, friten und spigeleier

5- Hünchen tränen mit fritten

o

6- Gebrochene eier mit chorizo

7- Schweine fleich mit sosse

8- Hünchen gegrilt

9- Fisch omlet

bebida y postre

tränk - nachtisch

Sevilla, Spanien

GEBROCHENE EIER UND HÜHNCHENTRÄNEN? Da brechen nicht nur die Hühner mit Heulkrämpfen zusammen, auch die Restaurantbesucher. Denn bei „Huevos rotos" handelt es sich nicht um Erbrochenes, sondern um ein sehr beliebtes spanisches Gericht aus gebratenen Kartoffeln, Rührei und Wurst. Und Hühnchentränen sind so etwas wie Chicken nuggets. Traurig.

ÜBERWACHUNG

Kleiner Salat

Grosser Salat

Kartoffel gënaht

Kartoffel frites

Gemuse

MEERESFRUCHTE

Crevetten 20-30 (6p/dose)

Crevetten Riesen 10-20 (4p/dose)

Crevetten Tiger 6-8 (2P/dose)

Languste/Barenkrebs (kg)

Madeira, Portugal

ÜBERALL ÜBERWACHUNG: Selbst im Urlaub auf Madeira ist man vor seltsamen Abhörmethoden nicht sicher. Big Gemüse is watching you! Was wollen die Überwacher mit den „genähten Kartoffeln" bloß bezwecken? Vielleicht könnte die NSA da mit einer guten Übersetzungssoftware helfen.

Fischklingeteil	€ 12,00
Mischteil auflesen	€12,00
Grill der Fische	€12,00
Triglie Teil	€ 15,00
Mittel braten	€ 13,00
Sogliola	€ 12,00
Gamberon	€ 15,00
Involtini des Fische swori	€ 12,00
Sarago	nach Gewicht
Poltern	nach Gewicht
Dentex der Klinge	nach Gewicht
Ricciola	nach Gewicht
Hummers	nach Gewicht
Hummerfische	nach Gewicht

Formen

MischInsalata	€ 3,00
Grünes Insalata	€ 3,00
Grün gekocht	€ 3,00
Kartoffeln gebraten	€ 3,00
Kartoffeln lasen prezzemolate	€ 3,00

Thomas Haller

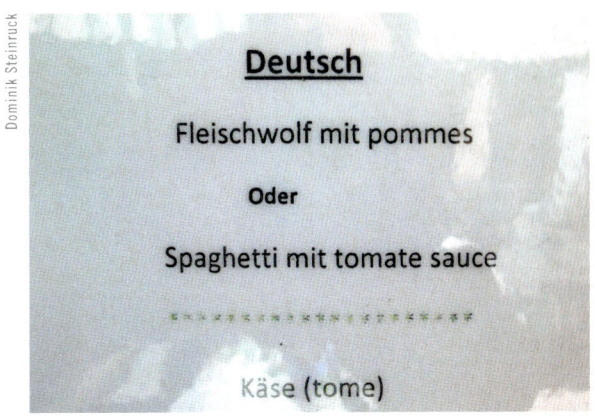

Deutsch

Fleischwolf mit pommes

Oder

Spaghetti mit tomate sauce

Käse (tome)

2 Korsika, Frankreich

1 MEDITERRANE PHANTASIE: Immer nur Linguine mit Tralala, Duetto vom Soundso und danach Tiramisu – selbst italienisches Essen kann langweilig werden. Das Ristorante da Vittorio hat deshalb neuartige Gerichte entwickelt: „Fischklingeteil", „Poltern" oder „Dentex der Klinge". Molto interessante, aber muss man sich um Vittorio Sorgen machen?

2 DURCHGEDREHT: Der Fleischwolf gilt ja fast als ausgestorben. Wer hat denn noch so ein Gerät zu Hause, mit dem man Fleischstücke per Handkurbel zu Hackfleisch machen kann? Umso lobenswerter, wenn es ein traditionsbewusster Koch noch in der Küche einsetzt. Allerdings sollte das Eisending möglichst nicht auf dem Teller landen, auch nicht mit Pommes.

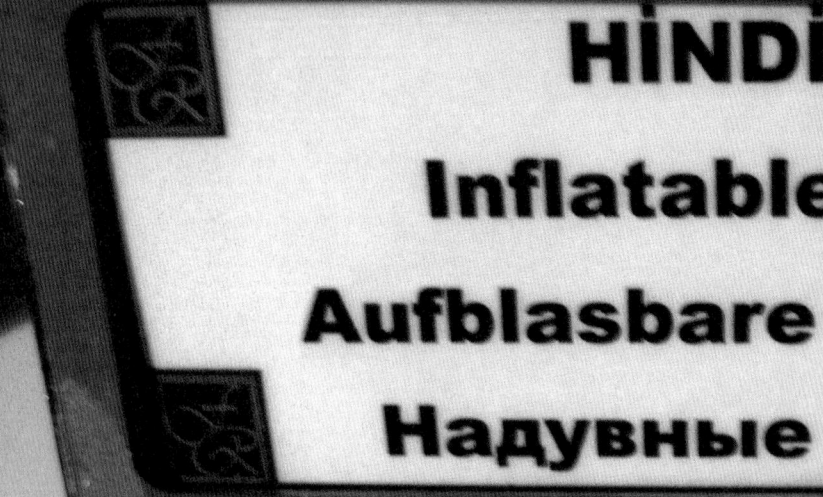

HİNDİ
Inflatable
Aufblasbare
Надувные

Kemer, Türkei

ŞİŞ
turkey
Türkei
индейки

HEISSE LUFT: Für Urlauber gab es bereits viele Produkte zum Aufblasen, etwa aufblasbare Krokodile, aufblasbare Palmen oder aufblasbare Pools. Aber ein aufblasbares Land? Das ist wirklich eine erstaunliche Erfindung. Es würde das Verreisen viel einfacher machen! Einfach zu Hause im Garten die Türkei aufblasen, reinsetzen, fertig. Und nach dem Urlaub einfach die Luft ablassen. Schön wär's! „Hindi Sis" ist aber ein Putenspieß.

Spezialitäten aus Vietnam

die traditionelle und originelle
Reisbandnudel-Suppe
so wie sie von Einheimischen
verzerrt wird.

V1 Phở Gà-Reisbandnudelsuppe   4,50
mit Hühnerfleisch, Frühlingszwiebel,
Ingwer, Sojakeimen, Koriander und
vietnamesischen Kräutern

V2 Phở Bò-Reisbandnudelsuppe   4,90
mit Rindfleisch, Frühlingszwiebel,
Ingwer, Sojakeimen, Koriander und
vietnamesischen Kräutern

V3 Bún Gà-Reisfadennudelsuppe   4,50
mit Hühnerfleisch, Frühlingszwiebel,
Ingwer, Koriander und
vietnamesischen Kräutern

V4 Bún Bò-Reisfadennudelsuppe   4,90
mit Rindfleisch, Frühlingszwiebel,
Ingwer, Koriander und vietnamesischen
Kräutern

V5 Bún Nem Hà Nộ-Reisfadennudeln   3,90
mit Hanoi-Rolle, Salat, Sojakeimen
und asiatischen Kräutern und
pikanter Fisch-Soße

V6 Bún Bò Nam bộ-Reisfadennudeln   4,90
mit gebratenem Rindfleisch,
Frühlingszwiebel, Erdnüssen, Salat,
vietnamesischen Kräutern und
spezieller Fisch-Soße

mit Fritatten
mit Holzhacker /Panierter Gipfel/
mit Ganzhals-Nudel

2 Pécs, Ungarn

1 VERZEHRTE WAHRNEHMUNG: Die vietnamesische Spezialität „Pho" ist eine sehr spezielle Suppe. Das Rezept klingt einfach: Brühe kochen, alle möglichen Gemüse- und Fleischzutaten reinwerfen, Reisnudeln kurz mitkochen – und dann kräftig an den Nudeln zerren. Ein vietnamesisches Restaurant in Leipzig bietet das Original-Suppen-Erlebnis samt Verzerrung an.

2 SCHARFE SACHE: Die ungarische Küche wird zu Unrecht reduziert auf Paprikahuhn, Paprikawurst und Paprikafleisch. Es gibt schließlich auch Paprikakartoffeln, Paprikafisch und Paprikapaprika. In geheimen Labors wird mit Gerichten ohne Paprika geforscht, bislang mit gemischten Ergebnissen. Die abenteuerlichen Speisen werden dann zu Testzwecken unter Phantasienamen wie „panierter Gipfel" und „Ganzhalsnudel" an Touristen verkauft.

Gero Engeser

Uyuni, Bolivien

DUCHAS PUBLICAS

- SHOWERS YOU PUBLISH

- DES DOUCHES PUBLIQUES

- SCHAUER SIE ERSCHEINEN

— 公共シャワー—

ATENCION LAS 24 HORAS

SCHAURIGES WETTER: Das Klima in Bolivien ist tropisch, mit Niederschlag sollte man jederzeit rechnen. Schauer – sie erscheinen ebenso plötzlich, wie sie wieder vorbei sind. Ganz anders sieht es mit Duschen aus, die sind nicht so weit verbreitet. Deshalb erscheinen in manchen Dörfern örtliche Niederschläge in öffentlichen Duschen.

Ganz einfach

Hoch bezahlte, hyperintelligente Wissenschaftler forschen in geheimen Labors an Wundermaschinen, die alle Energieprobleme der Menschheit lösen könnten. Vielleicht sollten die Forscher aufgeben, denn es gibt solche Apparate längst, etwa die ewig sprudelnde „Gästebegrüßungsquelle". Das Problem: kein Mensch versteht die Bedienungsanleitungen dafür.

| 22:20 | 22:25 | 22:30 | 22:35 | 22:35 | 22:35 | 2 |

LOS MESES DE JULIO Y AGOSTO   * **ONLY DURING THE MONTHS OF JULY AND AUGUST**
CEPTO LOS MESES DE JULIO Y AGOSTO   ** **ALL THE MONTHS EXCEPT JULY AND AUGUST**

DURACIÓN DEL TRAYECTO 60´   **TIME TRIP 60´**   **ZE**

HOY SERVICIO TODO EL DIA SIN PARAR AL MEDIODIA

NOW SERVICE ALL DAY WITHOUT STOPPING FOR LUNCH

JETZT WARTEN DEN GANZEN TAG OHNE UNTERBRECHUNG ZU MITTAG

7 — PLAYA DE MURO / H. SES FOTGES

8 — RTE. CAN BOY / LABERINTO

NATURA LBUFER

1 *Mallorca, Spanien*

Alambiques de Destilação
Transformação da garapa em aguardente/rum

Destillation Stills
Hashing of garapa (liquid transformed from the juice of sugar cane to fermentation), in rum

Destillierapparate
Störung des garapa in rum

9

2 *Madeira, Portugal*

3 *Venedig, Italien*

1 GEDULDS-SPIEL: Wer in der Hochsaison einen Schiffsausflug vor der Küste Mallorcas machen will, braucht Langmut. Der Fahrplan sieht nämlich so aus: den ganzen Tag warten, ohne Unterbrechung zu Mittag. Viel Spaß! Englisch- und spanischsprachige Touristen können dagegen den ganzen Tag Boot fahren, sogar über Mittag, wenn sie wollen.

2 HOCHPROZENTIGER IRRTUM: In dieser Brennerei auf Madeira sollte eigentlich Rum aus Destillierapparaten laufen, aber irgendetwas läuft dabei schief. Warum sollte sonst extra auf eine Störung hingewiesen werden? Eigentlich sollte der Apparat fermentierten Zuckerrohrsaft (Garapa) in Rum verwandeln, aber bei der Übersetzung hat sich eine Störung herausdestilliert.

3 BARE MÜNZE: Man könnte meinen, es spiele keine Rolle, wie man bezahlt, Hauptsache, man bezahlt – aber da hat man sich wohl verrechnet. An dieser Kasse auf dem Markusplatz wird unterschieden zwischen fertigem Geld (Englisch), barem Geld (Deutsch) und kalkuliertem Geld (Französisch). Erwünscht ist aber genau abgezähltes Geld.

Willkommen !

Wichtig : Die maschine muss immer bedient
werden, bevor eine Pistole aufgehoben.

Legen Sie Karte mit Magnetstreifen und auf der rechten Seite.
Geben Sie die PIN ein und genehmigen.
Folgen Sie die den Anweisungen auf der Tube und drücken Sie diese auf Anfrage.
Heben Pistole und Tanken Sie bitte.
Bitte geben Sie eine Quittung. Schüssel auf dem Glas. Import ist nicht gerade
kurz wieder.

Gute Fahrt.

Welcome !

Important : The machine must always
be served before a pistol lifted.

Skærbæk, Dänemark

HÄNDE HOCH: Tanken in Dänemark ist ganz einfach. Man braucht
dazu nur eine Pistole, eine Tube, eine Schüssel und ein Glas. Man darf
allerdings nicht einfach auf die Tube drücken und die Pistole heben
wie man will. Wie es genau geht, steht detailliert auf der Anleitung.
Viel Glück. Vielleicht bei Dänemark-Reisen besser einen großen Re-
servekanister mitnehmen!

Ticket: 90.00 RMB per person
Authority: The Commodity Price Bureau, Sichuan Province
Document number: Sichuan Price Document No.[2006]12
Discount: according to current standards

Inspected by Dujiangyan City Price Bureau

Hinweis für die Dujiang Staudamm Sehenswürdigkeit

Preis der Eintrittskarte: ¥90 CHY/Person
Genehmigungsamt: Warenpreis-Amt in Sichuan
Dokumentationsnr.: CJH [2006]12
Begünstigung: Nach aktueller Bedingung

Gemachet unter Supervision von Warenpreisamts der Dujiangyan

Supervisors Telephone/Kontrolltelefon-Nr.: 12358

Dujiangyan, Provinz Sichuan, China

KONTROLL-FREAKS: Schon vor 2000 Jahren begannen die Menschen in der Provinz Sichuan damit, das Wasser des Minjiang-Flusses unter Kontrolle zu bringen. Die Geschichte des Staudamms Dujiangyan geht auf die alte Qin-Dynastie zurück. Kein Wunder, dass die Leute dort heute immer noch jedes Detail kontrollieren.

AVISO

TODO AQUEL PEREGRINO QUE NO PASE A SELLAR ,
PUEDE SER INVITADO A QUE ABANDONE EL ALBERGUE ,
EN CASO DE QUE ESTE SE LLENE.

ALL THAT TRAVELLING ONE THAT DOES NOT HAPPEN
TO SEAL, CAN BE INVITED TO THAT IT LEAVES THE
ALVERGUE, IN CASE THAT THIS IT FILLS

ALLES KANN DAS DAS REISEN, DAS NICHT DICHTUNG
GESCHIEHT, ZU DEM EINGELADEN WERDEN, DAS SIE
DAS ALVERGUE VERLÄSST, FALLS DIESES DIESES ES
FÜLLT

Pinera, Spanien

POETISCHES PILGERN: Wandern auf dem Jakobsweg wirkt offenbar bewusstseinserweiternd. Heideggers ontologische Unterscheidung zwischen „Sein" und „Seiendem" ist Pipifax im Vergleich zu den weiter gehenden philosophischen Kategorien „das das Reisen" und „dieses dieses es füllt".

Rom, Italien

HEILIGER BIMBAM: Dass der Fußballtrainer Giovanni Trappatoni von seinen Fans verehrt wird, war bekannt, aber dass eine Treppe in Rom nach „Trap" benannt wurde, ist doch bemerkenswert. Oder handelt es sich um eine Übersetzungssünde – und es geht um die heilige Treppe in Rom? Die hat – weiß Gott – nichts mit den Niederungen des Fußballs zu tun.

ZÁKAZ VSTUPU DO KOLEJIŠTĚ PŘED ZASTAVENÍM VLAKU

1 *Bayer. Eisenstadt / Železná Ruda, Tschechien*

EINTRITT IN DIE SCHIENEN VOR DEM AUFHALTEN DES ZUGES VERBOTEN

C.A.T. SAS

di BASILE GIOVANNI & Co

Cell. 340.2767440

Sede Legale: Via Don Minzoni, 21 - 70031 ANDRIA (Ba) - P.IVA 06435320723

PARCHEGGIO A PAGAMENTO CUSTODITO

PAGAMENTO ANTICIPATO

ORARIO PARCHEGGIO 9.00 / 21.00 - ORARIO NAVETTA 9,30 / 20,00

gestione parcheggio Castel del Monte

StampaSud s.p.a. • Via P. Borsellino, 7/9 - Zona Artigianale - 74017 MOTTOLA - Partita IVA 00125660730 - Autorizzaz. Ministeriale nr. 367171 del 12-11-1979

RICEVUTA FISCALE	XM	N°	2032	2011
	CORRISPETTIVO NON PAGATO		CORRISPETTIVO PAGATO (SEGUE FATTURA)	

RICEVUTA FISCALE - (Legge n. 413 del 30/12/91) Art. 12 D.M. 30/3/92

CAMPER € 6,00 COMPRESO IVA E NAVETTA A/R

La C.A.T. NON RISPONDE DEL FURTO NE TOTALE NE PARZIALE DEL VEICOLO E DEGLI OGGETTI LASCIATI NEL VEICOLO.

NON LASCIARE IL TAGLIANDO NEL VEICOLO

NOT TO LEAVE CUTTING IN THE VEHICLE
AUSSCHNITT NICHT IM TRÄGER LASSEN
NE PAS LAISSER EN COUPANT DANS LE VÉHICULE

2 Apulien, Italien

1 SUPERMAN-SCHILD: Es kommt ja oft vor, dass man einen Zug aufhalten muss – sei es, um jemanden zu retten, der mit seinem Auto auf den Schienen liegen geblieben ist, oder sei es einfach nur, um der Welt seine übernatürlichen Kräfte zu demonstrieren. Aber selbst Superhelden müssen sich an Regeln halten. Allerdings fehlen hier Superkräfte ebenso wie eine Superübersetzung.

2 KURIOSE KLEIDERVORSCHRIFTEN: Üblicherweise werden Touristen ermahnt, nicht halbnackt durch Städte zu latschen. In Apulien aber werden sie schriftlich zum Gegenteil aufgefordert: „Ausschnitt nicht im Träger lassen!" Es geht allerdings nicht um das Präsentieren des Dekolletés, sondern um den Abschnitt des Parkscheins, den man nicht im Auto lassen soll.

Bei rot stehen

In red are waiting

Bei gelb Karte einstecken

Inside put the card with
yellow

Bei grün gehen

Go to green

FREIBURGER FARBENLEHRE: Die Betreiber der Schauinsland-Bahn haben sich Mühe gegeben, die speziellen Ampelregeln auch fremdsprachigen Touristen zu vermitteln – mit verwirrendem Ergebnis. Wichtig: Bei Grün bitte nicht zurück auf Los und auch nicht ins Gefängnis gehen. Sonst klappt es nie mit dem Ausflug auf den Freiburger Hausberg.

1-PLACER SON VEHICULE PRES DE LA BARRIERE DE DROITE
2-APPUYER SUR LE BOUTON VERT DE LA BORNE AVANT CELLE-CI
3-REGLER ICI AVANT DE RESSORTIR

1-PLACE NEAR HIS VEHICLE BARRIER RIGHT
2-PRESS THE GREEN BUTTON BEFORE THE TERMINAL THEREOF
3-SETTLE OUT OF HERE BEFORE

1-LEGEN SEIN FAHRZEUG BEI DER SCHRANKENANLAGE RECHTE
2-DRUCKEN SIE DIE GRUNE TASTE DER BASISSTATION VOR DIESEM
3-HIER VOR DER SOLL

1-POSTO VICINO IL SUO VEICOLO BARRIERA DESTRA
2-PREMERE IL TASTO VERDE DINANZI AL TERMINAL DI QUESTE
3-RISOLVERE DA QUI PRIMA

1-LUGAR CERCA DE SU VEHICULO BARRERA DERECHO
2-PULSE EL BOTON VERDE ANTES DE LA TERMINAL DE LO
3-ASIENTAN FUERA DE AQUI ANTES DE

Cancard, Frankreich

SCHWIERIGE SCHRANKE: Diese Barriere in der Bretagne ist kaum zu überwinden. Zuerst soll man sein Fahrzeug rechts bei der Schrankenanlage hinlegen, dann eine Taste an der Basisstation „vor diesem" drücken, anschließend steht man „hier vor der Soll". Wahrscheinlich sollen deutsche Besucher die Schranke nicht passieren.

다는 의미에서 잉커췐이라고 불려왔습니다.

Yingke Quelle(Gästebegrüßungsquelle)

Die Quelle kommt aus Zhangren Spitze、 dann Wassertopf sammelt in eine Quelle、 die Dufu Pergola ist von der Quelle umgegeben、 fließt geradeaus in den Wald、 der Klang ist wie Melodie、 der Reiser kann die Quelle trinken、 um Durst zu löschen、 zu waschen、 dann die kriegt den Namen von Gäste BegrüßenQuelle.

迎 客 泉
清冽な泉は丈人峰から流れて落ちてき
て、情が深くお客様の喉の渇きをいやし、

Quincheng, Provinz Sichuan, China

ÜBERSPRUDELNDE FREUDE: Am Fuße des Berges Quincheng in der chinesischen Provinz Sichuan entspringt eine „Gästebegrüßungs-quelle", deren Klang wie Melodie ist. Das gilt auch für die blumige Spra-che auf dem Begrüßungsschild – auch wenn die Sätze nicht so flüssig klingen, fühlt sich der „Reiser" herrlich erfrischt.

URINOIRS derrière le sanitaire

PISSOIRS hinter der Gesundheit

URINALS behind the health

Sabine Thieroff

1 *Bléré, Frankreich*

Nelle ore di riposo il silenzio
è gradito a tutti.

Pendant les heures du repos,
tout le monde aime le silence.

In den Ruhestunden ist jedem die
Stille erwünscht.

Please keep silence during
the time of rest.

Rimini, Italien

1 HYGIENE-HORROR: Französische Toiletten gelten als gewöhnungsbedürftig aus der Sicht ausländischer Touristen. Das traditionelle Hock- oder Steh-Klo behagt dem deutschen Besucher oft überhaupt nicht. Wenigstens sind die Franzosen so freundlich, darauf hinzuweisen, dass die Pissoirs jenseits der Gesundheit sind.

2 POETISCHE PAUSE: Anstatt mit Verboten und unhöflichen Befehlen für Ruhe zu sorgen, hat ein Feingeist eine geradezu literarische Botschaft auf dieses Schild geschrieben. So viel Höflichkeit und Tiefsinn sei jedem Touristen gewünscht, sogar in Orten wie Rimini würde man das begrüßen. Ganz falsch ist die Übersetzung nicht, nur überraschend höflich.

I TELI PER LA SPIAGGIA SONO DA PRELEVARE NELLA HALL,
NELLA APPOSITA CABINA.
I TELI USATI VANNO LASCIATI NELLE APPOSITE CESTE SULLA SPIAGGIA

THE BEACH TOWELS ARE AVAILABLE IN THE CABIN IN THE HALL.
THE USED TOWELS ARE TO BE LEFT ON THE BEACH IN THE BASKET BY
THE CATWALK

DIE BADETÜCHER SIND IN DER KABINE IM HALL VORHANDEN.
DIE BENUTZTEN TÜCHER SOLLEN AUF DEM STRAND IM KORB DURCH
DEN CATWALK VERLASSEN WERDEN

Marina di Ravenna, Italien

POSEN IM SAND: Ein Strandurlaub in Italien ist die reinste Moden-schau. Ohne coole Sonnenbrille und Badeanzug in Trendfarben braucht man gar nicht erst anzureisen. Der Abgang vom Strand führt tatsächlich oft über eine Art Catwalk. Allerdings sollte man die Handtücher nicht durch den Catwalk verlassen, sondern in den Korb daneben werfen.

BENEHMENSANWEISUNGEN DER REISENDEN

1) im fall von unterbrechung:
   Warten auf von personal gegebene anweisungen
   durch den lautsprecher im wagen.

2) Wenn man mit dem personal sprechen will
   (im fall von not) kann man die folgenden
   verbindungssysteme benutzen:

a) Microphon-monitor bezeichnet vom schild:
   'COMUNICAZIONI DI EMERGENZA' (um zu sprechen
   den knoff mitten zu drücken).

b) Sprechhorer in der stromaufseite des wagens.
   (Man kann mit der hilfe der anweisungen neben
   dem apparat mittelein).

DIR DIREKTION

Orvieto, Italien

BERUHIGENDES BENEHMEN: Die Zahnradbahn in Orvieto ist
ein ganz sicheres Verkehrsmittel. Doch, ganz bestimmt! Und falls doch
etwas passiert? Kein Problem: Im „Fall von Not" einfach die „Benehmensanweisungen" studieren. Bis man die kapiert hat, ist der Fall von
Not wahrscheinlich längst vorbei.

Pozor, snížený profil!

. . . .

Vorsicht, erniedrigte Zimmerdecke !

Čerchov, Tschechien

NIEDRIGE BEWEGGRÜNDE: „Wer sich selbst erniedrigt, will erhöht werden", wusste der Philosoph Friedrich Nietzsche. Psychologisch einfacher, dafür aber technisch aufwendiger: Man erniedrigt einfach die Zimmerdecke. Dann fühlt man sich automatisch riesig. Eine großartige Idee für Leute, die glauben, zu kurz gekommen zu sein.

Furchtbar gefährlich

Fast alles ist im Urlaub verboten: Schwimmen am unbewachten Strand, Campen im Wald, Grillen an der Uferpromenade. Manchmal sind strenge Vorschriften ja angebracht, etwa wenn bei Nichtbeachtung Lebensgefahr droht. Allerdings sollten sie dann so formuliert sein, dass man sie ansatzweise versteht. Das Gegenteil ist der Fall, wenn auf einem Schild am Strand steht: „Gehen Sie in das Watt ohne die genaue Zeit der Ebber zu kennen."

Aucun Colorant
Servir Frais

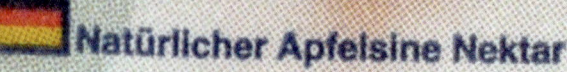 **Natürlicher Apfelsine Nektar**

Am wenigesten braucht 50%
natürlichen apfelsine Saft am
wenigesten, wasser, Rohrzuker,
Stabilisator Zitronensäure, und
natürlichen Geschmack, lösliche Mittel
Total am weingesten 12%.

**Keine Konservierungsmittel
Keine Zusätzliche Farben
Dienst Kühl**

 **Succo di Arancia Naturale**

Kairo, Ägypten

TOTALE LEERE: Dieser Apfelsinennektar braucht kaum natürliche
Zutaten, um natürlich zu schmecken. Wer die Liste der Inhaltsstoffe liest,
weiß vor allem, was er nicht enthält. Leider enthält er wohl auch keinen
natürlichen Apfelsinensaft, denn am wenigsten braucht er 50 Prozent
davon. Zusammengefasst: Weniger ist mehr.

ATTENZIONE! IL SERVIZIO DI SALVATAGGIO
E' RIDOTTO DALLE ORE 13:00 ALLE ORE 15:00

VORSICHT! DAS RETTUNGSPERSONAL IST
VON 13.00 BIS 15.00 ABGEBAUT

WARNING! THE RESCUE STAFF IS REDUCED
BETWEEN 1 P.M. AND 3 P.M.

UFFICIO CIRCONDARIALE MARITTIMO
GURDIA COSTIERA
CAORLE
ORDINANZA DI SICUREZZA BALNEARE N° 25/2006 - ART. 4.7

Bibione, Italien

BAU- UND BADEMEISTER: Das Rettungswesen an den italie-
nischen Stränden ist seltsam organisiert. Ausgerechnet in der Zeit zwischen 13 und 15 Uhr, wenn die meisten Leute baden wollen, ist das Rettungspersonal abgebaut. Bleibt nur die Frage: Warum baut das Personal
nachmittags so stark ab? Die Sonne? Alkohol? Drogen?

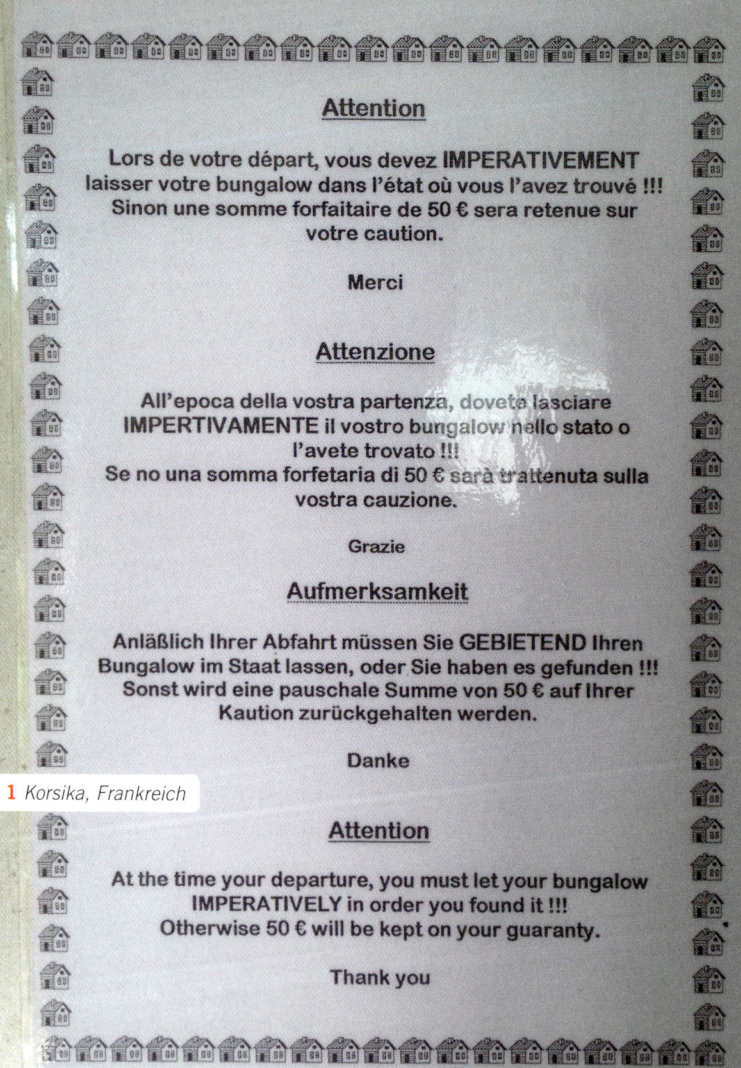

Attention

Lors de votre départ, vous devez IMPERATIVEMENT laisser votre bungalow dans l'état où vous l'avez trouvé !!! Sinon une somme forfaitaire de 50 € sera retenue sur votre caution.

Merci

Attenzione

All'epoca della vostra partenza, dovete lasciare IMPERTIVAMENTE il vostro bungalow nello stato o l'avete trovato !!! Se no una somma forfetaria di 50 € sarà trattenuta sulla vostra cauzione.

Grazie

Aufmerksamkeit

Anläßlich Ihrer Abfahrt müssen Sie GEBIETEND Ihren Bungalow im Staat lassen, oder Sie haben es gefunden !!! Sonst wird eine pauschale Summe von 50 € auf Ihrer Kaution zurückgehalten werden.

Danke

Attention

At the time your departure, you must let your bungalow IMPERATIVELY in order you found it !!! Otherwise 50 € will be kept on your guaranty.

Thank you

1 *Korsika, Frankreich*

Christoph Köberle

WE ARE PAINTING THE ELEVATOR.THE PAINTING
IS FRESH.SORRY ABOUT THE INCONVENIENCES.

ESTAMOS PINTANDO EL ASCENSOR.LA PINTURA
ESTA FRESCA.SENTIMOS LAS MOLESTIAS.

NOUS PEIGNONS LE TABLEAU
D'ASCENSEUR.L'EST FRAIS.DÉSOLÉ DES
DÉRANGEMENTS.

DIPINGIAMO IL DIPINGERE DI ASCENSORE.IL È
FRESCO. SPIACENTE DELLE INCONVENIENZE.

WIR ANSTREICHEN DER AUFZUG.DAS GEMALDE
IST FRISCH.ERBARMLICH UN DIE
UNBEQUEMLICHKEITEN.

2 *Ibiza, Spanien*

1 HAUS-KLAU: Immer mehr Deutsche nehmen nach dem Frankreich-Urlaub einfach das Ferienhaus mit. Dabei weist ein Schild gebietend darauf hin, den Bungalow im Staat zu lassen. Andererseits sind 50 Euro Strafe für ein ganzes Haus auch recht wenig. Vielleicht sollte man die Kirche im Dorf lassen: „L'état" heißt hier Zustand, nicht Staat.

2 PFUSCH AM BAU: Auf Ibiza ist das ambitionierte Kunstprojekt „Unser Lift soll schöner werden" gründlich danebengegangen. Das Gemälde ist leider erbärmlich geworden. Da hilft es auch nichts, sich für die Unbequemlichkeiten zu entschuldigen.

Sehr geehrter Kunde.

Nach einer herzlichen Begrüßung,
dass während der folgenden Stund
heißen Wasser schneiden im Hote
Aufteilung vorgestellt.

Dienstleistungen für die Gäste

das ist um Sie zu benachrichtigen,
von 11.00 bis 15.00 Uhr Wir
im Allgemeinen. Denn plötzlich

Boca Chica, Dominikanische Republik

FEUCHTFRÖHLICHE UNTERHALTUNG: Im aufregenden „Be Live" Hotel in der Dominikanischen Republik ist immer was los. Die Animateure geben sich große Mühe, für Stimmung zu sorgen. Nur ein Beispiel: Von 11 bis 15 Uhr wird heißes Wasser geschnitten. Das ist komplett sinnlos, macht aber einen Riesenspaß – solange, bis das Wasser abgestellt wird.

Teneriffa, Spanien

PERSÖNLICHER ZUGRIFF: Das rote Schild mit dem weißen Balken signalisiert eigentlich: keine Durchfahrt. Doch netterweise steht da auf Deutsch und Englisch, dass nur auf Ortsansässige zugegriffen wird. Da stellt sich die Frage: Wer ist ich? Ein klassischer Fall von falschem Zugriff auf das Wörterbuch.

Cuxhaven – Harwich

HOCHSICHERHEITS-QUATSCH: Wenn ein Schiff in einen Sturm kommt, ist es wichtig, dass alles, was nicht niet- und nagelfest ist, befestigt wird. Auf diesem Kahn werden im Notfall sogar die Anweisungen der Besatzungsmitglieder verriegelt. Die Frage ist nur: Wie soll man dann an die lebensnotwendigen Anweisungen kommen?

Katharina Kolrep

Verona, Italien

Anfite

AVVISO

Attenzione
Gradoni

Attention to the

Aufmerksamkeit
rutschig!

tro Arena

/NOTICE

al ghiaccio.
scivolosi!

ice. Slippery floor!

zum Eis.Pflastere

SELTSAME SITTEN: Italiener gehen ganz anders mit Eis um als Deutsche, viel liebevoller und sorgfältiger. In der Arena von Verona zum Beispiel soll man dem Eis Aufmerksamkeit schenken und es rutschig pflastern. In Deutschland würde man sagen: Achtung, Eis! Rutschige Stufen.

ATTENTION:
AVANT D'INTRODUIRE LE JETON, S'ASSÛRER D'AVOIR POSTER LE PROGRAMME DE LAVAGE DÊSIRÉ, CAR UNE FOIS INTRODUIT LE JETON, N'EST PLUS POSSIBLE CHARGERLE PROGRAMME.
N.B.: SI LA COURRANT DISPARAIT, UNE FOIS QUE ELLE REVIENT, ELLE REVIENT, ELLE REPREND D'OÙ C'EST ARRETÉ.

UNTERRICHTE

1. FÜLLEN SIE DIE WACHMASHINE, WENN ES NICHT DIE MACHT DES DETERGENS, LEGEN SIE DAS WACHPULVER, SACHEN DIREKT AUF DIE WASCHE UND SCHLIESSEN SIE DIE MASCHINE.

2. DURCH RECHTDREHUNG WIRD MIT DIESEM WAHLSCHALTER DAS JEWEILS GEWÜNSCHTE WACHPROGRAMM EINGESTELLT:

A KALTE WASHEN (0°) WASHEN & SCHLEUDERN 50 MIN.
B TEXTILIEN MIT ENPFINDLICHEN FARBEN (30°) WASHEN & SCHLEUDERN 60 MIN.
C BAUMWOLLE & CHEMIEFASERN (60°) WASHEN & SCHLEUDERN 70 MIN.

3. WERTMARKEN IN DEN SPALT EINWERFEN.

4. ALS DER FEINE LED IST BRENNEND ER SIE ES IST MOGLICH NEHMEN DIE WASCHE.

ACHTUNG:
VOHER DIE MUNZE EINSTECKEN MAN MUSS DEN RICHTIGE PROGRAMM WAHLEN NACHER DIE MUNZE EINSTECKEN, WEIL EINMAL DIE MUNZE EINGTESTECKT IST MAN RAN NICHT MEHR DEN PROGRAMM EINSTELLEN, SONS KANN MAN DIE MUNZE VELIEREN UND NICHT MEHRWASHEN.
N.B.: WENN ER SIE ES SIE GEHYDEN SIROM EINMAL ZURUCKGEBEN DIE WASHMASCHINE WIEDER NIMT DER PROGRAMM ER SIE ES SIE HAITE WOHER GEBLIEBEN.

Pisa, Italien

WISCHI-WASCHI: Diese konfuse Betriebsanleitung einer Waschmaschine macht die Sache nicht einfacher. Wie bekommt man die „Macht des Detergens"? Wo war noch mal der „feine brennende LED"? Wie einfach war Wäschewaschen doch früher: Einfach an den Bach gehen, Klamotten reinwerfen und stundenlang rubbeln.

- The far-off reefs and boulders
will be submerged first, so, pay attention.

- The way between the « EBIHENS ISLAND »
nd this place could be dangerous two hours after the low tide.

« Have a good time in britanny ! »

Beachten sie gezeiten !

- Gehen sie in das watt ohne die genaue zeit
der ebber zu kennen.

- Achten sie auf die ansteigende flut.
Verlassen sie sofort das watt. Sobald die ersten
felsen uberspult werden.

- Der weg zwischen der insel «Ile des Ebihens»
Und der lanzunge « pointe de Chef de l'Isle
st zwei stunden nach dem tiefstand der ebbe lebensgefahrlich.
« Gute ferien in bretagne ! »

res des marées

Juillet 201

Pleines Mers				Basses Mers Matin Soir				Date	Pleines Mers Matin			Soir			Basses Mer Matin		
Coef.	Heure h mn	Hauteur m	Coef.	Heure h mn	Hauteur m	Heure h mn	Hauteur m		Heure h mn	Hauteur m	Coef.	Heure h mn	Hauteur m	Coef.	Heure h mn	Hauteur m	Heure h mn
70	17:53	10,70	75	–:–	–,–	12:09	2,85	16 L	05:58	9,40	52	18:20	9,90	57	00:12	3,85	12:36
80	18:55	11,35	85	00:43	2,45	13:16	2,30	17 M	06:48	9,95	61	19:06	10,45	66	01:05	3,30	13:26
89	19:50	11,85	93	01:47	1,90	14:16	1,85	18 M	07:32	10,45	70	19:47	10,90	74	01:52	2,80	14:11
96	20:40	12,20	98	02:45	1,45	15:10	1,55	19 J	08:12	10,80	78	20:25	11,25	81	02:35	2,40	14:52
99	21:26	12,30	99	03:37	1,15	15:59	1,45	20 V	08:50	11,10	84	21:02	11,55	86	03:16	2,10	15:32
97	22:08	12,20	95	04:24	1,15	16:42	1,50	21 S	09:27	11,35	87	21:39	11,70	88			
92	22:47	11,80	88	05:06												

Saint-Jacut-de-la-Mer, Frankreich

FIESE FALLE: Die Gezeiten an der Atlantikküste sind tückisch. Wer
sich nicht auskennt, kann bei einer Wattwanderung von der Flut über-
rascht werden und gerät in Lebensgefahr. Trotzdem werden deutsche
Touristen dazu aufgefordert: „Gehen Sie in das Watt ohne die genaue
Zeit der Ebber zu kennen." Mehr Zynismus geht nicht.

CAMPEGGIATORI
TURISTICI
ASTIGIANI

"U. CAGNI"

SODALIZIO SENZA FINALITA' DI LUCRO

- LA PIAZZOLA DEVE ESSERE LIBERATA ENTRO LE ORE 12.00. OLTRE TALE ORARIO VERRÀ APPLICATA LA TARIFFA GIORNALIERA.

- THE PITCH MUST BE VACATED BY 12.00 HOURS. BEYOND THAT TIME WILL BE CHARGED DAILY.

- L'EMPLACEMENT DOIT ÊTRE LIBÉRÉ AVANT 12:00 HEURES. AU-DELÀ DE CETTE DATE SERONT FACTURÉS CHAQUE JOUR.

- DIE TONHÖHE IST FREI BIS 12.00 UHR. AUSSERHALB DIESER ZEIT WERDEN TÄGLICH.

- EL TONO DEBE SER ANULADO POR 12.00 HORAS. MÁS ALLÁ DE ESE MOMENTO, SE CARGARÁ AL DÍA.

Asti, Italien

MUSIKALISCHE STRASSE: Vielleicht liegt es am Schaumwein, dass in Asti so viel öffentlich gesungen und musiziert wird. Damit die Anwohner nicht durchdrehen, ist die Tonhöhe je nach Tageszeit festgelegt. „Piazzola" heißt eigentlich „Haltebucht". Wenn man beim Übersetzen betrunken ist, kann man sich aber auch für die englische Bedeutung „pitch" (Abschlag) entscheiden – was auf Deutsch wiederum Tonhöhe bedeutet.

ATTENTION :
LÂCHER DE TAUREAUX
DANS LES RUES. DANGEREUX.
Le Comité des Fêtes ne répond pas des accidents.

ATTENTION !
Bulls running free the festival. Commitee
does not answer for any accidents.

GEFAHR !
Stiekampf auf der Straben. Der Festausschlub
steht für keine Unfälle ein.

Saint-Rémy-de-Provence, Frankreich

VORSICHT VIECHER: Stierkämpfe sind umstritten, erst recht, wenn sie auf der Straße stattfinden. In der Provence hat sich ein „Festausschlub" einen Trick überlegt: Die Veranstaltung wird einfach als „Stiekampf auf der Straben" ausgeschrieben und jede Verantwortung für Unfälle abgelehnt. Auch für Sprachunfälle? Die Leute brauchen dringend Hilfe und ein scharfes S.

LA PISCINE n'étant pas surveillee, la Direction décline toute responsabilité pour les accidents qui pourraient y survenir. Les enfants doivent être accompagnés de leurs parents.

Since the pool is not supervised, the management déclines all responsability for any accidents which may occur. Parents must accompany their children.

Da olas schwimmdab nicht überwacht ist, übernimmt die Direktion Keine haftung für eventuelle Unfülle.

SHORT INTERDIT
SWIMMING TRINKS ONLY

Annecy, Frankreich

FETTER FEHLER: Füllige Feriengäste sind die Regel in Urlaubsgebieten, schöne schlanke Touristen dagegen fallen mittlerweile sofort auf. Der beleibte Durchschnittsdeutsche fühlt sich oft belästigt von halbnackten Hungerhaken – und fordert Schadensersatz. An diesem Hotel-Pool wird deshalb keine Haftung mehr übernommen für eventuelle Unfülle.

Jolanta Böhm-Rupprecht

GO

PRAŠOME SUTVARKYTI KAMBARĮ

PLEASE MAKE UP THE ROOM

BITTE RÄUMEN SIE DAS ZIMMER AUS

PROSIMY SPRZĄTNĄC PÓKÓJ

ПОЖАЛУЙСТА ПРИГОТОВЬТЕ НОМЕР

★★★★ **CONGRESS** ★★★★ VIEŠBUTIS HOTEL

Vilnius, Litauen

FREUNDLICHES BALTIKUM: Litauen ist ein sicheres und gast-freundliches Land. Die Menschen sind höflich, selbst Kriminelle werden respektvoll behandelt. Umgekehrt sollte man auch als Tourist immer umgänglich bleiben, sogar Einbrechern gegenüber. Wenn es Zeit ist, das Zimmer auszuräumen, hängt man einfach das Schild vor die Tür.

1 *Elba, Italien*

La Bussola
RENT LETTINI
Miete von Meeresböden

NEUES GESCHÄFTSMODELL: Weil auf der Insel Elba im Sommer jeder Quadratzentimeter Land vermietet wird, hat ein Anwohner neue Urlaubsgebiete erschlossen — auf dem Meeresboden. Da bieten sich schier unendliche Vermarktungsmodelle an, von der Unterwasserdusche bis hin zum Unterwasserfahrradverleih. Lettini heißt aber eigentlich Liege.

Absolut rätselhaft

Die Welt ist voller Wunder. In Italien kann man neuerdings den Meeresboden mieten. Bedrohlich scheinen auch die „Windschreie" zu sein, die auf den Kanaren zu hören sind. Muss man das verstehen? Kann man das überhaupt verstehen? Manchmal ist es besser, solche mysteriösen Phänomene einfach nur auf sich wirken zu lassen.

MAR
GEISTIGES GET
ZIGARETTEN
MARK

Železná Ruda, Tschechien

IMMATERIELLES KULTURGUT: Immer nur saufen und faul herumliegen – das ist den meisten Urlaubern längst viel zu wenig. Fortschrittliche Feriengebiete stellen sich deshalb geschickt auf die kulturellen Ansprüche der Besucher ein. Früher fuhren Leute einfach wegen der billigen Spirituosen nach Tschechien. Heute wird zunehmend Geistiges angeboten.

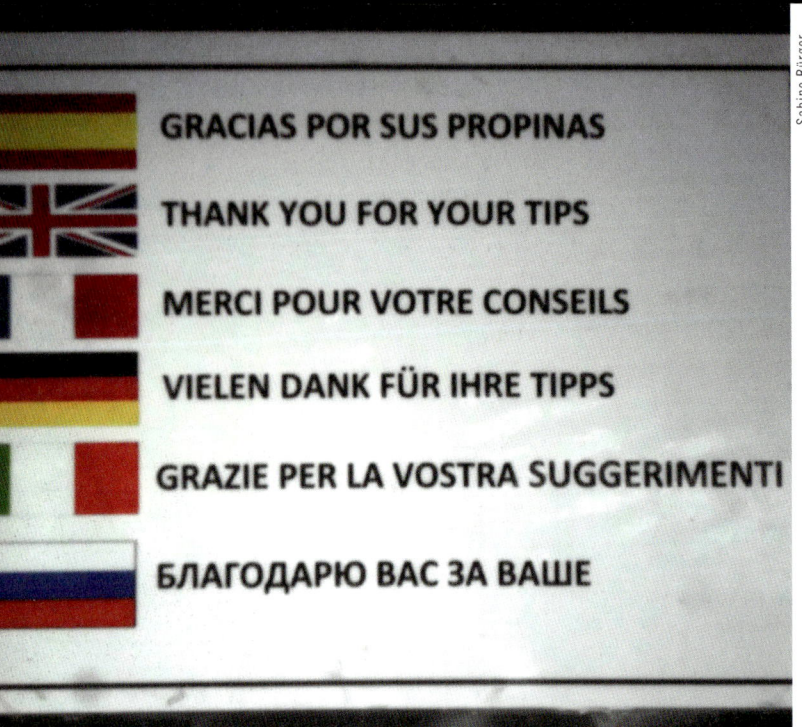

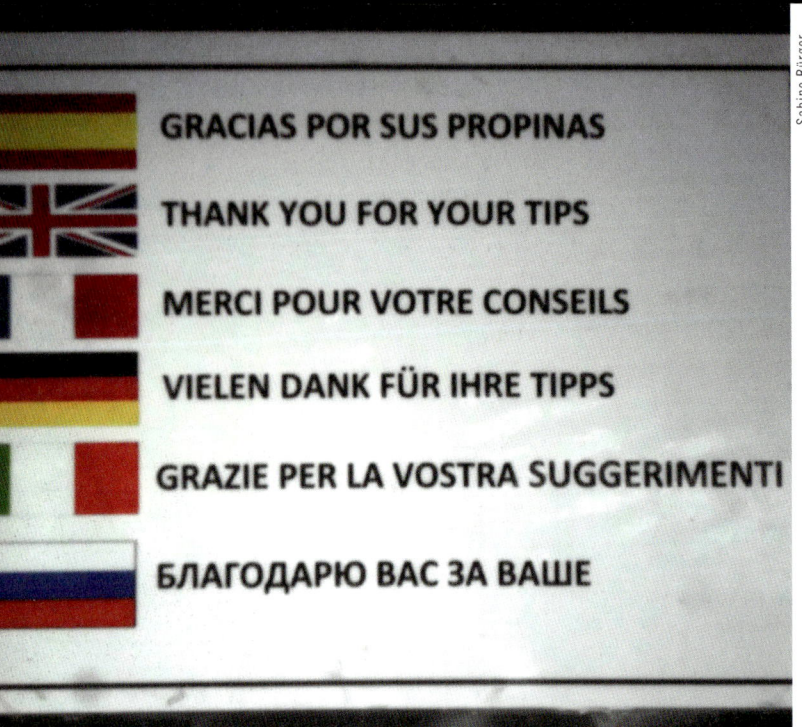

GRACIAS POR SUS PROPINAS

THANK YOU FOR YOUR TIPS

MERCI POUR VOTRE CONSEILS

VIELEN DANK FÜR IHRE TIPPS

GRAZIE PER LA VOSTRA SUGGERIMENTI

БЛАГОДАРЮ ВАС ЗА ВАШЕ

Teneriffa, Spanien

INTERKULTURELLE HILFE: Auf Teneriffa bitten Einheimische gerne Touristen um Rat, auch in Alltagsdingen. Da hilft man doch gerne. Wir hätten da einen Tipp: Einfach mal ins Wörterbuch schauen. Das englische „tip" heißt auf Deutsch Trinkgeld.

Lanzarote, Spanien

COOLES HOBBY: Die Freeze-it-yourself-Bewegung hat Spanien erreicht. Die Produkte sind allerdings noch sehr rustikal. Neuerdings wird Handwerker-Eis mit angenagelten Holzstängeln, selbst modellierten Frostbeulen und grob verputzten Lutschflächen angeboten. Vorsicht, das Eis könnte Holzspäne enthalten.

Jutta Mühlhausen

SE VENDEN

FLORES Y HORTALIZAS

BLUMEN UND GEMÜSE

WERDEN VERBUNDEN

FLOWERS AND VEGETABLES

ARE BANDAGED

922 127 870

630 921 223

650 104 934

1 *Teneriffa, Spanien*

Jürgen Huntscha

2 *Gran Canaria, Spanien*

1 VEGETARISCHE KLINIK: Auf Teneriffa hat das erste Pflanzen-krankenhaus der Welt eröffnet. Dort behandeln Blumen- und Gemüse-doktoren Patienten mit gebrochenen Blütenstielen und welken Blättern. In der Notaufnahme werden frisch verletzte Pflanzen verbunden. Der Übersetzer müsste allerdings zum Augenarzt: „Vender" heißt verkaufen, „vendar" verbinden.

2 GRUSELIGES WETTERPHÄNOMEN: Auch an sonnigen Tagen mit blauem Himmel droht auf Gran Canaria die Gefahr von Windschreien. Das ohrenbetäubende Heulen hört sich so schrecklich an, das nur eines hilft: Ohren und Sonnenschirme schließen. Zum Schreien ist auch die Übersetzung: „Rachas de viento" sind Böen.

Boutique de la Prensa

SOY UNA BOLSA DE PLASTICO RECICLADO. RECICLAME CUANDO

INGLES - I'M MADE FROM RECYCL

FRANCES -JE SUIS EN PLASTIQUE RECYCL

ALEMAN - ICH BIN EINE PLASTIKTÜTE RECICLYNG. BITTE, GEHEN NICHT MEHR MÜSSEN SIE.

CATALAN – SÓC UNA BOSSA DE PLÀSTIC RECICLAT. SI US PLA

EUSKERA – BIRZIKLATUTAKO PLASTIKO POLTSA BAT NA

Wolfgang Röhrich

POR FAVOR, VUELVE A UTILIZARME O YA NO ME NECESITES

LASTIC-PLEASE REUSE OR RECYCLE ME!
:RCI DE ME RÉUTILISER OU DE ME RECYCLER !
SIE ZURÜCH ZU TICKET ODER PAPIERKORB ME' AUFKLEBER WEEH ICH

ORNA A UTILITZAR-ME O RECICLA'M QUAN JA NO EM NECESSITIS
ESEDEZ ERABILI EDO BIRZIKLA NAZAZU, EZ BANAUZU BEHAR.

www.valsons.com
+34 902 461819

HÖFLICHE TÜTE: Es ist ja nett, wenn einen ein Plastiksack persönlich anspricht. Aber muss sie einem Handlungsanweisungen geben? „Gehen Sie zurück zu Ticket oder Papierkorb!" Das möchte man, Recycling hin oder her, immer noch selber entscheiden. Jetzt nur mal so in die Tüte gesprochen.

Signe Horn

Maskat, Oman

GROSSRAUM-GEFÄHRT: Teure große Autos aus Deutschland sind auch im arabischen Raum beliebt. Der VW-Bus ist besonders für reiche Großfamilien geeignet, notfalls auch für das Lieblingskamel. Man kann sehr viel in den Wagen laden, bis er voll ist. Deswegen heißt das Auto ja auch Vollswagen.

Michele Minelli

Elba, Italien

STRESSFREIER FAMILIENURLAUB: Anstatt die eigenen Kinder mit in die Sommerferien zu schleppen, was sehr anstrengend ist, kann man in Italien jetzt vor Ort Babys mieten. Das hat viele Vorteile: eine Fahrt ohne Quengelei, weniger Gepäck – und die eigenen Kinder kann man zu Hause gewinnbringend an Deutschland-Touristen vermieten.

Annie Dobbertin

Airlie Beach, Queensland, Australien

Liebe Leser!

Wir übelsetzen weiter! Wenn Sie daheim oder unterwegs, im Kurzurlaub oder auf einer großen Reise skurrilen „Übelsetzungen" begegnen, können Sie uns Ihre persönlichen Fundstücke per Post oder per E-Mail schicken. Bitte geben Sie dabei den Aufnahmeort, Ihre Anschrift, E-Mail-Adresse und Telefonnummer an. Vielen Dank!

Post:
Langenscheidt Verlag
Kennwort: Übelsetzungen
Postfach 40 11 20
80711 München

E-Mail:
uebelsetzungen@langenscheidt.de
Betreff: Übelsetzungen